Les Calinours ^{MC}

Jour de chance

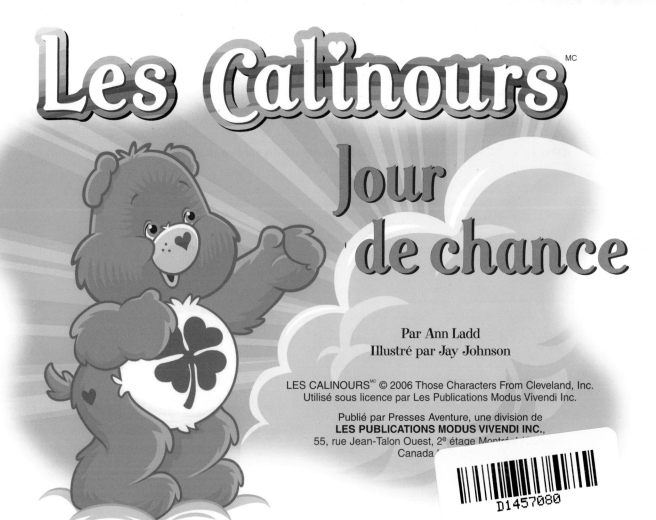

Par Ann Ladd
Illustré par Jay Johnson

LES CALINOURS^{MC} © 2006 Those Characters From Cleveland, Inc.
Utilisé sous licence par Les Publications Modus Vivendi Inc.

Publié par Presses Aventure, une division de
LES PUBLICATIONS MODUS VIVENDI INC.,
55, rue Jean-Talon Ouest, 2ᵉ étage Montré...
Canada ...

Dépôt légal - Bibliothèque et Archives nationales du Québec, 20..
Dépôt légal - Bibliothèque et Archives Canada, 2006

ISBN 2-89543-437-9

Traduit de l'anglais par : Catherine Girard-Audet

Nous reconnaissons l'aide financière du gouvernement du Canada par l'entremise du Programme d'aide au développement
de l'industrie de l'édition (PADIÉ) pour nos activités d'édition.

Gouvernement du Québec — Programme de crédit d'impôt pour l'édition de livres — Gestion SODEC

PRESSES AVENTURE

Une grosse goutte de pluie tomba sur le nez de Grognours
en faisant plouf.

«La pluie va tout gâcher, soupira-t-il. Quelle mauvaise
journée pour faire un pique-nique!»

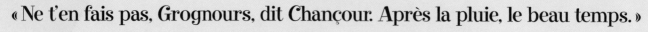

«Ne t'en fais pas, Grognours, dit Chançour. Après la pluie, le beau temps.»
«Qu'est-ce que tu veux dire?» demanda Grognours.

« Je veux dire que quelque chose de bien ressortira de toute
cette pluie, dit Chançour. Patience ! »

« Et voilà ! » dit Gailourson.

« Un bel arc-en-ciel qui nous mènera
à l'endroit de notre pique-nique ! »
« Youpi ! »

C'est en rigolant que les Calinours atterrirent tous en chœur aux pieds d'Égalours.

« Quel est le problème ? » demanda Gailourson.

« J'ai apporté cinq barres arc-en-ciel et elle se sont toutes cassées en deux », dit Égalours.

« Quelle malchance », dit Grognours.
« Souviens-toi : après la pluie, le beau temps »,
dit Chançour.

«Miam! s'écria Solours. Maintenant, nous pouvons tous goûter aux deux sortes de barres!»

«Joins-toi à notre pique-nique, Dodonours»,
dit Égalours.

« Je ne peux pas. J'ai perdu mon bonnet de nuit
étoilé et je dois le retrouver », dit Dodonours.

«Oh non, encore de la malchance», dit Grognours.

«La chance va bientôt nous sourire, dit Chançour en souriant.
Nous n'avons qu'à la chercher.»

«Nous devons aussi chercher le bonnet de Dodonours!» dit Copinours.

« Regardez, j'ai retrouvé la couverture à pique-nique que nous avions perdue ! » dit Égalours.

« C'est un coup de chance, dit Gailourson. Nous n'aurions jamais retrouvé la couverture si Dodonours n'avait pas perdu son bonnet de nuit. »

« Mais nous n'avons toujours pas retrouvé mon bonnet », dit Dodonours.

« Le voici ! » s'écria Chançour.

« Et voici l'endroit parfait pour faire un pique-nique ! »
dit Gailourson.

« C'est un double coup de chance ! » dit Solours.

« Notre seule malchance est que Dounours, Désirours et Cupinours
ne sont pas encore arrivés », dit Chançour.

« Où est le beau temps ? » demanda Grognours.

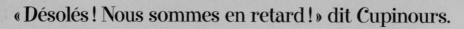

« Désolés ! Nous sommes en retard ! » dit Cupinours.

« Nous avons pris le temps de remplir le panier à pique-nique des aliments préférés de chacun d'entre nous », dit Désirours.

« Et de préparer assez de punch arc-en-ciel pour tout le monde »,
dit Cupinours.

« Après la pluie vient vraiment le beau temps ! » dit Grognours.
« Et cette journée est vraiment magnifique ! » dit Chançour.